MINISTÈRE DE L'INSTRUCTION PUBLIQUE
ET DES BEAUX-ARTS

LE CONTRAT D'ÉDITION

ET

LA NOUVELLE LOI ALLEMANDE

DU 19 JUIN 1901

PAR M. GEORGES HARMAND

AVOCAT À LA COUR D'APPEL DE PARIS
MEMBRE DE LA SOCIÉTÉ DE LÉGISLATION COMPARÉE
SECRÉTAIRE DE L'ASSOCIATION LITTÉRAIRE ET ARTISTIQUE INTERNATIONALE
SECRÉTAIRE ADJOINT DE LA SECTION DES SCIENCES ÉCONOMIQUES ET SOCIALES
AU CONGRÈS DES SOCIÉTÉS SAVANTES

*Extrait du Bulletin des sciences économiques et sociales du Comité
des travaux historiques et scientifiques, année 1902*

PARIS

IMPRIMERIE NATIONALE

MDCCCCII

LE CONTRAT D'ÉDITION

ET

LA NOUVELLE LOI ALLEMANDE

DU 19 JUIN 1901

MINISTÈRE DE L'INSTRUCTION PUBLIQUE
ET DES BEAUX-ARTS

LE CONTRAT D'ÉDITION

ET

LA NOUVELLE LOI ALLEMANDE

DU 19 JUIN 1901

PAR M. GEORGES HARMAND

AVOCAT À LA COUR D'APPEL DE PARIS
MEMBRE DE LA SOCIÉTÉ DE LÉGISLATION COMPARÉE
SECRÉTAIRE DE L'ASSOCIATION LITTÉRAIRE ET ARTISTIQUE INTERNATIONALE
SECRÉTAIRE ADJOINT DE LA SECTION DES SCIENCES ÉCONOMIQUES ET SOCIALES
AU CONGRÈS DES SOCIÉTÉS SAVANTES

Extrait du *Bulletin des sciences économiques et sociales du Comité
des travaux historiques et scientifiques*, année 1902

PARIS

IMPRIMERIE NATIONALE

MDCCCCII

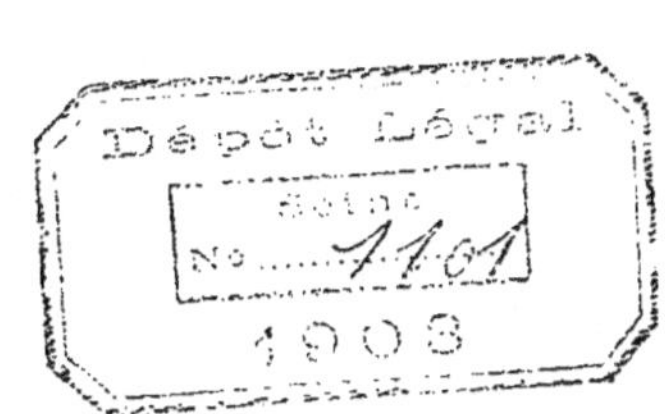

LE CONTRAT D'ÉDITION

ET

LA NOUVELLE LOI ALLEMANDE

DU 19 JUIN 1901.

La législation française ne fait pas encore de place au contrat d'édition. Cependant ce contrat donne lieu à des transactions considérables, et en outre il correspond à l'exercice d'un des droits les plus importants de la propriété littéraire et artistique.

Un grand nombre de législations lui ont consacré une place notable soit dans une loi spéciale, soit dans le code civil, soit dans le code de commerce : ainsi le code général pour les États prussiens (1791-1794), le code civil badois (1809), le code civil autrichien (1811), le code civil du royaume de Saxe (1865), le code civil portugais (1865), le code de commerce hongrois (1875) et le code fédéral suisse des obligations (1882).

Nous avons montré en 1894 l'importance du mouvement législatif sur le contrat d'édition, et tenté d'établir les principes nécessaires à mettre en œuvre dans une loi sur cette matière (voir *Bulletin des sciences économiques et sociales du Comité des travaux historiques et scientifiques*, 1894).

Nous désirons cette année nous attacher à commenter la nouvelle loi allemande sur le contrat d'édition, applicable à tout l'empire d'Allemagne et qui vient d'entrer en vigueur le 1er janvier 1902.

L'Allemagne avait, dans trois des États confédérés, des dispositions relatives au contrat d'édition, dans le code général pour les États prussiens (1791-1794), dans le code civil badois (1809) et dans le code civil saxon (1865). Toutes ces lois viennent d'être remplacées par la nouvelle loi, votée les 1er et 2 mai 1901 par le Reichstag, sanctionnée par le Conseil fédéral le 14 juin suivant et promulguée le 28 juin de la même année.

En même temps qu'elle est la plus récente sur le contrat d'édition, on peut dire que la loi allemande est l'une des plus complètes des lois en vigueur.

Elle comprend cinquante articles, qui suivent à très peu d'exception près ce que nous appelions, dans notre étude de 1894 (p. 4), l'ordre chronologique des relations de l'auteur et de l'éditeur. Nous citerons, à titre d'exemple, les points principaux : définition du contrat, obligations de l'auteur et de l'éditeur, tirage, correction des épreuves, publication, prix de vente, honoraires de l'auteur, expiration et résiliation du contrat.

La loi nouvelle contient sur les lois antérieures allemandes d'importantes modifications : elle est en outre plus coordonnée.

2.

Toutefois la loi nouvelle est limitée à l'édition des œuvres littéraires et musicales. Il est vrai que ce sont ces œuvres qui donnent lieu aux contrats les plus importants et les plus fréquents. Cependant, comme la loi nouvelle est le corollaire de la nouvelle loi votée vers la même époque, et promulguée le même jour, sur le droit d'auteur pour les œuvres littéraires et musicales, il s'ensuit que la restriction qu'elle comprend s'explique naturellement et que, sans doute, une loi sur les œuvres artistiques venant à être adoptée en Allemagne, le législateur se préoccuperait de légiférer sur le contrat d'édition des œuvres artistiques par la gravure, la lithographie et par les procédés dérivés de la photographie.

Définition du contrat d'édition. — La législation sur le droit d'édition du 19 juin 1901, dans son article 1er, définit le contrat d'édition.

«Par le contrat d'édition concernant une œuvre littéraire et musicale, «l'auteur s'engage à remettre celle-ci à l'éditeur pour que ce dernier la re-«produise et la répande pour son propre compte. L'éditeur s'engage à re-«produire et à répandre l'œuvre.»

Cette définition se rapproche de celle des lois hongroise et suisse et est conforme à la définition que nous proposions nous-même en 1894, et que nous avions tirée du projet de loi en matière de contrat d'édition, rédigé par MM. le bâtonnier Pouillet, Ocampo et nous-même, en 1892.

«Art. 2. Le contrat d'édition est une convention par laquelle l'auteur d'une œuvre intellectuelle s'engage à remettre cette œuvre à l'éditeur qui, de son côté, s'oblige à la publier, c'est-à-dire à la reproduire et à la répandre à ses frais, risques et périls.»

Le législateur allemand a nettement mis en relief les principaux points du contrat : remise d'une œuvre par l'auteur, obligation pour l'éditeur de la reproduire et répandre à ses frais. Il y a donc dans la loi allemande la présomption que l'éditeur doit reproduire et répandre l'œuvre à ses frais; cela est fort important parce que très souvent l'éditeur, dans certains pays, entend l'édition en ce sens que l'auteur participe aux frais de reproduction de l'œuvre ou même les paye intégralement, alors que ces conventions ne constituent pas à proprement parler le contrat d'édition, qu'elles sont au contraire des dérogations au système juridique de ce contrat.

La présomption admise par le législateur allemand a un grand intérêt, car le principe ainsi admis et posé en règle à défaut de convention contraire exprimée par l'auteur et l'éditeur, devra être pris par le juge comme base des rapports des parties à défaut de contrat écrit ou au cas d'insuffisante précision du contrat rédigé.

D'autre part, ce contrat, ainsi entendu, est le plus avantageux pour l'auteur, qui n'a souvent pas les fonds nécessaires à la reproduction et au lancement de l'œuvre, et pour l'éditeur qui tire de cette rédaction le droit de choisir les moyens les plus appropriés à faire réussir l'édition qu'il a entreprise et que son expérience lui suggère. Enfin ce fait, que l'éditeur n'était ni locataire de l'œuvre, ni acheteur du droit de reproduction, avait été dégagé par nous en 1894 comme l'un des arguments les plus solides pour démontrer que le contrat d'édition était un droit *sui generis*, qu'il fallait ajouter au titre des obligations, les chapitres du code civil relatifs aux obligations ne pouvant suffire à réglementer le contrat d'édition en raison de sa nature mixte.

La loi allemande adopte le système que nous avions signalé dès 1894 : l'éditeur propriétaire des volumes les écoule selon les usages de la librairie et de sa maison, il a déterminé le papier, les caractères et le format à utiliser; il recherche les libraires commissionnaires ou détaillants, à ses risques et périls; il détermine la publicité utile.

Sous réserve de deux points qui tiennent aux intérêts pécuniaires et moraux de l'auteur (honoraires de l'auteur et atteinte à la considération par la vente des exemplaires au rabais), le prix de la reproduction est déterminé par l'éditeur; ces deux points sont les seuls sur lesquels il soit nécessaire que l'éditeur ait l'assentiment de l'auteur. En effet, du prix dépendent souvent, plus que des autres éléments qui sont corrélatifs, le succès de l'œuvre et la notoriété qui en résulte pour l'auteur. Et par prix de la reproduction, il faut entendre le prix net comme le prix fort de la mise en vente, ainsi que les variations que l'éditeur peut être tenté de faire subir à la reproduction, c'est-à-dire la mise en vente pour solde des reproductions. La mise en vente pour solde peut retentir gravement sur la réputation de l'auteur, sur le succès aussi bien de l'édition entreprise que des éditions ultérieures.

Nous retrouverons ces observations relativement : 1° au prix de vente, et 2° à la vente en solde, ultérieurement.

Droits et devoirs de l'auteur et de l'éditeur. — Les articles 2, 3, 4, 8 et 9 de la loi de 1901 peuvent être analysés sous la rubrique des droits et devoirs de l'auteur et de l'éditeur.

De ces articles il résulte que l'auteur (art. 2) ne doit pas faire concurrence à l'œuvre éditée et, par suite, nuire aux efforts de l'éditeur par une autre reproduction de l'œuvre : l'auteur doit s'abstenir de tout ce qui est interdit aux tiers à l'encontre de son propre droit d'auteur. Cela revient à cette affirmation également consacrée par la jurisprudence française, que l'auteur peut être considéré comme contrefacteur de son œuvre au regard de l'éditeur, s'il empiète sur les droits qu'il a concédés à ce dernier par le contrat d'édition.

C'est une conséquence importante à dégager, puisque la plupart des législations admettent que la répression des atteintes au droit d'auteur peut être non seulement civile, mais encore pénale.

Droits réservés à l'auteur. Traduction. Dramatisation. Arrangement musical. — Le législateur allemand indique dans le même article 2, que le droit de traduction, le droit de dramatisation d'une œuvre littéraire, celui de mettre en roman ou nouvelle une œuvre dramatique, sont indépendants du droit d'édition et réservés à l'auteur.

Pour les œuvres musicales, le législateur allemand déclare que l'auteur conserve également le droit d'arrangement, à condition que ces arrangements ne soient pas seulement des extraits ou des transcriptions de la première œuvre en un autre mode ou registre.

Œuvres complètes de l'auteur. — Enfin, le législateur dispose que l'auteur peut toujours faire une édition de ses œuvres complètes indépendamment des éditions partielles qu'il a consenties.

Collaboration aux recueils et autres œuvres collectives. — D'autre part (art. 3), les articles insérés dans un recueil peuvent être utilisés par l'auteur à l'expiration d'un délai d'un an à compter de la fin de celui où ont paru ces articles.

Cette disposition, intéressante pour les œuvres collectives, est toutefois complétée par une condition qui en rend l'application peu désirable, car l'auteur n'a ce droit que s'il n'a pas reçu d'honoraires pour ces œuvres. Et cependant nous croyons que l'auteur, même après avoir reçu des honoraires peut, sans inconvénient pour l'éditeur, éditer dans un tirage à part ou joindre à d'autres œuvres de lui, des articles parus dans des revues ou des œuvres collectives. La différence de nature des deux publications ne peut évidemment nuire à l'éditeur de la première, et il est bien peu vraisemblable de penser que l'œuvre reproduite dans une revue, une publication périodique, un journal, pourra être assez importante pour amener la vente d'une année entière ou d'un volume de cette publication. D'autre part, cela semble en contradiction avec l'article 4, qui interdit à l'éditeur de faire des tirages à part des œuvres reproduites dans un recueil. Il semble qu'il y ait là l'usage perdu, pour l'éditeur comme pour l'auteur, d'une partie du droit d'édition; il est certain que l'usage de ce droit doit évidemment revenir à l'auteur, l'éditeur d'une œuvre destinée à un recueil épuisant son droit dans la publication du recueil auquel cette œuvre est destinée, et l'exerçant en entier dans cette publication.

Interdiction à l'éditeur de publier des œuvres isolées quand il édite les œuvres complètes. — L'article 4 interdit en outre à l'éditeur de publier une œuvre isolée tirée des œuvres complètes dont l'auteur lui a consenti l'édition.

Chrestomathies. Citations. Emprunts. — Le législateur allemand réserve toutefois à l'éditeur l'usage du droit d'emprunt ou de citation, droit trop largement concédé en Allemagne par la loi concernant le droit d'auteur (du même jour, art. 19) aux tiers, qui peuvent même faire des ouvrages d'enseignement ou poursuivant un *but littéraire spécial;* ce que nous connaissons sous le nom de *Chrestomathies,* de *cours de littérature* et de *collections de morceaux choisis.*

Définition de l'édition. — Dans les articles 5 et 6, le législateur allemand définit l'édition, réglemente les mains de passe, et le nombre des exemplaires gratuits. Il a adopté le système de l'édition unique pour laquelle, sauf stipulation expresse, le contrat d'édition est présumé consenti. Cette disposition est formelle : *l'éditeur a uniquement le droit de faire une seule édition.*

C'est là un principe important et donnant une grande clarté aux dispositions de la loi. Une telle disposition est éminemment protectrice de l'auteur, puisque, sauf stipulation formelle contraire, son assentiment doit être sollicité pour chaque édition. L'éditeur, d'autre part, gagne à cette disposition qu'aucune équivoque ne peut être introduite dans l'étendue de ses engagements. Or il est à remarquer qu'en matière de contrat d'édition, c'est surtout l'équivoque qui nuit aux bonnes relations des auteurs et des éditeurs.

D'autre part, le législateur allemand, n'ayant pas adopté le système du bon à tirer collectif que nous avions préconisé en 1894 et qui avait été mis en œuvre en 1892, dans le projet rédigé par MM. le bâtonnier Pouillet, Ocampo et nous-même, a décidé qu'à défaut de stipulation sur l'importance du tirage, une édition s'élevait à mille exemplaires (v. code civil saxon, art. 1142).

On a aisément démontré l'arbitraire de ce chiffre de 1,000 exemplaires. En effet, ce chiffre est souvent supérieur aux tirages usités pour les ouvrages techniques, de science, de droit, de philosophie, et est de beaucoup inférieur au tirage des ouvrages d'enseignement et des périodiques. On a cité le cas d'atlas destinés à l'enseignement secondaire ou primaire, qui ne peuvent être rémunérateurs qu'à la condition d'être tirés à des chiffres considérables (l'un d'eux a été tiré à 80,000 pour la première édition), en raison des prix élevés du tirage des cartes en couleur et des habitudes du lancement de ces ouvrages (notamment les exemplaires gratuits, dont le nombre est considérable). D'un autre côté, le tirage des volumes dits à 3 fr. 50 est souvent de 1,500.

Enfin, il y a presque autant d'emplois du mot édition que de maisons de librairie : les unes donnant à ce mot le sens de tirage unique, les autres de tirage à l'aide des mêmes clichés, sans corrections ni remaniements; les autres encore entendant par édition des fractions de 500 ou de 1,000 exemplaires d'un même tirage.

L'usage du bon à tirer collectif évitait les difficultés d'une fixation arbitraire par le législateur. Par bon à tirer collectif, M. le Bâtonnier Pouillet avait entendu désigner un accord de l'éditeur et de l'auteur, manifesté sur un écrit signé par les deux parties et sur le vu duquel l'imprimeur pouvait tirer et *devait* tirer un nombre déterminé d'exemplaires. L'éditeur voyait son droit limité à l'édition et à l'écoulement du chiffre prévu, l'auteur percevait des honoraires en rapport avec ce chiffre, l'imprimeur était tenu de n'imprimer ni plus ni moins de ce chiffre : chaque partie avait un contrôle et une garantie efficace. C'était le dénouement heureux de la plupart des difficultés du contrat d'édition et la disparition d'une des causes de suspicions aigrissantes des rapports des auteurs et des éditeurs.

Toutefois, s'il apparaît que les décisions adoptées dans les congrès tenus par l'Association littéraire et artistique internationale à Milan, 1892 ; Barcelone, 1893 ; Anvers, 1894 ; ainsi que les travaux de cette Association dont font partie divers auteurs et éditeurs allemands, et à laquelle les sociétés allemandes d'auteurs et d'éditeurs envoient des délégués autorisés, ont eu leur influence sur la nouvelle loi allemande, il est important d'étudier la loi allemande, qui est, nous l'avons dit, la plus complète à l'heure actuelle.

Ainsi le législateur allemand a interdit à l'éditeur de tirer ultérieurement le nombre de 1,000 exemplaires s'il avait avisé l'auteur qu'il n'éditerait qu'un nombre inférieur ; ce qui, en somme, appelle l'attention des parties sur la nécessité de la discussion du chiffre du tirage : c'est là une constatation intéressante.

Mains de passe. Exemplaires gratuits. — Enfin, dans l'article 6, le législateur déclare que les exemplaires usuels de passe s'ajoutent au nombre des exemplaires autorisés, ainsi que les exemplaires gratuits. Toutefois le législateur à déterminé la proportion de ces derniers (1/20) alors qu'il s'en réfère à l'usage pour les premiers. Or ceux-ci varient également avec les maisons d'édition ; on distingue souvent la simple et la double main de passe ; mais les éditeurs parfois confondent la proportion des deux, et des difficultés en résultent.

D'autre part les exemplaires gratuits fixés à un vingtième peuvent être de beaucoup trop nombreux si l'ouvrage a un gros tirage ; en effet, certains romans ont eu des tirages de 50,000 et 60,000 volumes, d'où par suite un chiffre de 2,500 à 3,000 exemplaires gratuits.

Le *bon à tirer collectif* aurait pu comprendre les exemplaires gratuits et ceux de passe ; c'était encore une difficulté évitée.

D'ailleurs, le législateur allemand a édicté que l'éditeur ne pourrait vendre les exemplaires de passe non utilisés. C'est là une décision équitable, s'ils sont affranchis des honoraires d'auteur au moment du tirage.

Remise de l'œuvre à l'éditeur. — Les articles 9, 10 et 11 ont trait à la remise de l'œuvre à éditer aux mains de l'éditeur et aux conséquences de cette remise.

Atteintes aux droits de l'éditeur. — Le législateur allemand, en même temps qu'il indique (art. 9) que l'éditeur pouvait poursuivre même contre l'auteur, par la voie de la répression, toute atteinte à ses droits, édicte que l'éditeur peut également poursuivre les tiers et que son droit prend naissance au moment de la livraison de l'œuvre : enfin, dans l'article 10, il prescrit à l'auteur de remettre son œuvre dans un état approprié à la reproduction.

Ces dispositions provoquent diverses critiques. Tout d'abord si le contrat d'édition se forme par l'accord de volontés qu'énonce l'article 1er, c'est à compter de ce consentement que l'éditeur est investi des droits qu'il doit tenir de la cession de cette partie des droits d'auteur qui s'appelle le droit de reproduction. Pourquoi dire que le droit d'éditeur prend naissance au moment où l'œuvre est livrée ?

Il semble que le législateur veuille créer un droit spécial pour l'éditeur, comme celui d'agir contre les contrefacteurs devant la juridiction pénale, puisque le législateur ajoute à sa déclaration sur la naissance du droit d'édition, que *ce droit expire au moment où cessent les rapports qui font l'objet du contrat.*

En effet, il semble impossible d'admettre que l'éditeur conserve une partie de droit quelconque après la cessation des rapports entre l'éditeur et l'auteur : ou, du moins, il paraîtrait nécessaire d'indiquer que la durée du contrat d'édition se prolonge jusqu'au terme fixé, s'il y a une durée limitée, ou jusqu'à l'écoulement des volumes tirés au nombre autorisé.

L'éditeur qui poursuit contre les tiers la répression des atteintes à ses droits est le cessionnaire de l'auteur. A-t-il besoin d'invoquer un droit personnel ? non ; que pour se porter partie civile, il ait besoin de justifier d'un intérêt personnel, cela est évident. Mais cet intérêt personnel ne modifie pas la source du droit qui est uniquement créé pour l'auteur et qui ne passe aux mains de l'éditeur que dans une certaine mesure, aussi bien contre l'auteur lui-même que contre les tiers ; cette mesure est celle des droits qui sont cédés à l'éditeur par le contrat d'édition.

Pour la prescription de l'article 10, cela s'entend d'un manuscrit lisible, d'une partition déchiffrable : en fait, cette prescription tient en entier dans la libre jouissance que le cédant doit à son cessionnaire. Toutefois le contrat d'édition n'étant ni une vente, ni une location de l'œuvre, ni une location d'ouvrage de la part de l'éditeur, il s'ensuit que la prescription était utile. L'article pourrait, pour être complet, comprendre l'indication que l'auteur doit à l'éditeur des garanties analogues à celles du vendeur et du bailleur, outre l'appropriation de l'œuvre transmise à la reproduction concédée.

Quant à l'article 11, il décide que l'œuvre doit être remise tout de suite si la convention porte sur une œuvre achevée. L'article contient ensuite des indications sur les délais de livraison des œuvres à produire après la couclusion du contrat. Le législateur a prescrit que le délai serait calculé d'après le but de l'œuvre et en tenant compte des travaux de l'auteur, mais non de ceux qui n'auraient pas été connus de l'éditeur lors de la conclusion du contrat.

Ce sont là des raisons équitables, mais sans grande précision; le juge en somme appréciera. Il est toutefois intéressant de signaler que l'ancienne loi prussienne stipulait que la livraison devait être faite de façon que l'éditeur puisse produire l'ouvrage à la prochaine foire de Leipzig (art. 1002 [1]). Cette grande foire des libraires dominait alors toutes les transactions; l'article 11 est évidemment plus moderne, il est malheureusement moins précis.

Correction des épreuves. Remaniements. — Les articles 12 à 20 traitent des corrections et remaniements apportés par l'auteur à son œuvre, de ceux que l'éditeur pourrait être tenté d'apporter, de la reproduction de l'œuvre, du tirage et de la mise en vente, des nouvelles éditions, et de la correction des épreuves.

Dans l'article 12, le législateur autorise l'auteur à faire tant par lui-même que par les soins d'un tiers, tous changements. Lorsque la reproduction est commencée, il doit rembourser à l'éditeur les frais des changements qui *dépassent la mesure ordinaire,* sauf pour le cas où des circonstances survenues justifieraient ces changements. En cas de nouvelle édition, l'éditeur doit fournir à l'auteur l'occasion de faire des changements, qui ne seront permis qu'autant qu'ils ne lèsent aucun intérêt légitime de l'éditeur, à moins que les circonstances survenues ne les justifient, et que l'auteur ne consente à les payer.

Interdiction à l'éditeur de tous changements, adjonction ou suppression. — L'éditeur, aux termes de l'article 13, ne doit apporter aucune adjonction, suppression ou modification à l'œuvre, à son titre ou à l'indication des qualités et du nom de l'auteur. Cependant l'article ajoute que *des changements* sont permis quand l'auteur ne saurait les refuser de bonne foi. Ce paragraphe est bien dangereux, car c'est l'arbitraire absolu : l'éditeur n'est qu'un reproducteur, et l'auteur est responsable de l'œuvre qu'il signe, et, en ce cas, l'éditeur n'a aucune modification à demander; mais il peut se refuser à la reproduction de l'œuvre. L'auteur, en vertu du droit moral que nous développions dans notre communication au Congrès de 1900, ne doit subir aucune contrainte.

Tirage. Mise en vente. — L'éditeur est tenu (art. 14) de reproduire l'œuvre et de la répandre, il se conforme aux usages de librairie et au but

---

[1] Voir MM. Lyon-Caen et Delalain, *Lois françaises et étrangères sur la propriété litt. et art.*, t. I, p. 110.

de l'œuvre : d'après les mêmes règles il détermine la forme et l'aspect de l'œuvre.

Il doit en commencer l'impression dès qu'il a reçu l'œuvre complète, ou lorsqu'elle paraît en parties détachées ou en fascicules, dès qu'il a reçu une partie destinée à paraître dans l'ordre régulier de la publication.

Il doit (art. 15) reproduire le nombre des exemplaires autorisés et les produire de façon que le nombre d'exemplaires disponibles ne soit pas épuisé, c'est-à-dire de façon à pouvoir satisfaire aux commandes.

Résiliation. Honoraires de l'auteur. — L'éditeur (art. 18) peut dénoncer le contrat si la publication ne peut pas remplir le but que se proposait l'œuvre, ou si le recueil auquel elle était destinée ne paraît pas. L'auteur, dans ces deux cas, a droit à ses honoraires.

Réédition des recueils. — Quant à l'article 19, il contient la faculté pour l'éditeur d'un recueil de ne plus faire figurer certains travaux dans les rééditions du recueil, avec le consentement du publicateur.

Correction des épreuves. Bon à tirer. — Par l'article 20, le législateur dispose que l'éditeur est tenu de corriger les épreuves et de les soumettre à l'auteur pour revision. Mais si l'auteur ne fournit pas ses réclamations dans un délai approprié, l'éditeur est présumé en droit de faire tirer.

Ces huit articles soulèvent diverses objections : il ne nous semble pas que le bon à tirer soit corrélatif du droit de correction et de remaniement de l'auteur. Cependant c'est évidemment de l'essence du contrat d'édition pour le législateur allemand ; la remise du manuscrit engage, en somme, l'auteur envers l'éditeur et restreint les droits de l'auteur.

Il n'est que trop fréquent que jusqu'au bon à tirer l'auteur ait besoin de faire des changements, des modifications, des adjonctions. L'œuvre artistique est achevée le plus souvent avant la reproduction, elle est souvent créée à l'aide d'un autre art que celui de la reproduction, c'est une peinture ou une sculpture reproduites par la gravure ; ou même elle ne peut qu'être achevée, quand on en entreprend la reproduction : comme la reproduction en bronze d'une cire, d'un plâtre ou d'un marbre. Mais une œuvre littéraire est bien souvent remaniée lorsqu'elle a l'aspect de la mise en pages ; l'aspect de la feuille d'imprimerie peut mettre en relief des défauts, des incorrections malaisées à sentir dans le manuscrit. L'auteur doit donc pouvoir changer et remanier jusqu'au bon à tirer, et le bon à tirer fixe et précise l'œuvre à reproduire. Du moins ce sont les idées courantes en France.

D'autre part, la responsabilité de l'auteur devant le public, l'irresponsabilité de l'éditeur, intéressé seulement à recouvrer son argent et à recueillir ses bénéfices légitimes, ne paraissent pas autoriser l'éditeur à demander des changements. Si l'œuvre est contraire aux bonnes mœurs et à l'ordre, l'éditeur peut refuser la publication sans encourir des dommages-intérêts; il ne doit prétendre rien au delà. Sans doute il peut prétendre publier une œuvre conforme aux règles de l'orthographe, mais il ne doit pas pouvoir apprécier ou critiquer les idées de l'auteur.

Quant aux obligations des articles 14 et 15, elles sont équitables, mais si le bon à tirer définitif reste aux mains de l'auteur un moyen de contrôle efficace, que l'éditeur ne peut éviter, il est certain que ce dernier ne saurait décider, seul, de l'aspect de l'œuvre.

La faculté de résiliation reconnue à l'éditeur par l'article 18 est légitime, mais l'auteur devrait, en certains cas, obtenir plus que ses honoraires, car il n'a pas travaillé le plus souvent pour une seule édition, à moins qu'il ne soit établi qu'il a pu trouver aisément un nouvel éditeur. Comme conséquence, l'auteur devrait donc pouvoir disposer toujours de son œuvre, même en cas de travaux destinés à un recueil, encore bien que ces sortes de travaux présentent un plan et un ordre souvent commandé par le publicateur ou l'éditeur.

Quant à l'article 19, même observation : si l'auteur d'un article est privé de la publication de son œuvre dans une nouvelle édition, il doit avoir droit à des dommages-intérêts, sauf certaines circonstances, atteinte à la morale, à l'ordre public, découverte nouvelle rendant son œuvre inexacte ou incomplète.

Prix de vente. Vente au rabais. — Le législateur allemand, dans l'article 21, autorise l'éditeur à déterminer le prix fort de la mise en vente, à l'abaisser, à moins que cet abaissement ne lèse les intérêts légitimes de l'auteur. Il lui interdit de l'élever sans l'assentiment de l'auteur.

Si l'auteur doit concourir à la détermination du prix net, il n'y a aucun inconvénient à ce que l'éditeur fixe le prix fort. Mais le législateur n'en parle pas : c'est cependant ce prix qui est le plus intéressant, car c'est celui que l'éditeur reçoit le plus souvent. D'autre part, le prix fort étant en réalité soumis à des escomptes usuels et presque constants, il est certain que l'auteur, s'il connaît le prix net et contribue à l'établir, aura une base certaine pour l'évaluation de ses honoraires, s'il est assuré d'autre part de connaître le chiffre exact du tirage.

Quant à l'abaissement du prix net, il correspond à la vente au rabais ou en solde de l'édition. Cette mesure peut nuire gravement à l'auteur : elle implique l'insuccès de l'œuvre et rend impossibles les nouvelles éditions. L'auteur doit pouvoir éviter ce dommage, et la solution légitime est pour lui dans la faculté d'acheter, par préférence et au prix le plus faible consenti par l'éditeur, le stock mis en vente au rabais. L'éditeur ne devrait pas pouvoir consentir la vente au rabais sans avoir offert à l'auteur cette possibilité de préemption.

Honoraires de l'auteur. — Les articles 22 à 24 traitent des honoraires. L'article 22 décide que des honoraires sont dus toutes les fois *que les circonstances indiquent que l'œuvre ne pouvait être livrée qu'en échange d'une rémunération.* Ils doivent être *convenables.* Ces deux présomptions sont équitables.

Tout l'intérêt du système allemand est que les honoraires doivent être payés au moment de la livraison de l'œuvre. Lorsque le volume paraît par parties, c'est au moment de la reproduction de chaque partie. En outre, lorsque les honoraires se règlent d'après la vente, l'éditeur doit remettre à l'auteur ses comptes commerciaux de l'année précédente et lui permettre de prendre communication des livres.

Ces dispositions sont importantes et constituent la mise en œuvre des points délicats du contrat d'édition. Peut-être les dispositions ne sont-elles pas complètement précises. L'époque de la remise annuelle n'est pas précisée, elle semble devoir évidemment se régler sur l'époque des inventaires, il n'est pas dit que la remise des honoraires coïncide soit avec la remise du compte, soit avec celle de l'approbation des comptes par l'auteur.

Exemplaires d'auteur. — Les articles 25 et 26 traitent des exemplaires d'auteur et des exemplaires gratuits. Ceux-ci sont de 1 p. 100, avec minimum de 5 et maximum de 15, avec en outre un exemplaire en bonnes feuilles.

Pour les œuvres musicales, le législateur s'en réfère à l'usage.

Pour les recueils, l'éditeur peut donner des tirages à part, au lieu d'exemplaires du recueil.

Enfin (art. 26), l'éditeur doit céder à l'auteur les exemplaires qu'il désire au prix le plus réduit usité dans sa maison.

Restitution du manuscrit. — D'après l'article 27, l'éditeur doit restituer le manuscrit après la reproduction, à la condition que l'auteur se soit réservé cette restitution avant le commencement de la reproduction.

Cession des droits de l'éditeur. — L'article 28 traite de la cession du droit d'édition. Le législateur allemand autorise l'éditeur à céder ses droits à moins que le contrat ne contienne une clause formelle contraire. L'auteur avisé par l'éditeur de cette cession doit faire connaître son refus dans le délai de deux mois et fournir de son refus un *motif important.* Le nouvel éditeur est, solidairement avec le premier, tenu des obligations du contrat. Toutefois l'obligation consentie par l'éditeur cédant, de payer des dommages-intérêts dus antérieurement à la cession, n'est pas solidaire avec l'éditeur cessionnaire.

En cas de faillite (art. 36), le syndic peut céder les droits du failli à un autre éditeur, qui se substitue à la masse. Celle-ci reste caution du nouvel éditeur. Toutefois cela n'a lieu que si la reproduction a commencé; au cas contraire, l'auteur peut résilier.

Nous ferons une seule objection : c'est qu'en principe le contrat d'édition a toujours paru un contrat fait *intuitu personæ*, et dès lors incessible; à plus forte raison en cas de faillite, même si la reproduction est commencée. Il suffirait de donner à l'auteur la faculté d'exercer un droit de préemption sur les volumes produits par le failli.

Expiration du contrat. — L'article 29 détermine les conséquences de l'expiration des droits de l'éditeur. Si le contrat est consenti pour l'édition d'un nombre déterminé d'éditions ou d'exemplaires, les rapports contractuels prennent fin lorsque les éditions ou les exemplaires sont épuisés. L'éditeur doit renseigner l'auteur sur cet épuisement.

Si l'édition est consentie à terme, l'éditeur ne peut plus, après l'échéance du terme, continuer la vente des exemplaires tirés.

Résiliation du contrat. — Les articles 30 à 32, 35, 37, 38 et 17 traitent de la résiliation du contrat.

Le législateur allemand, dans l'article 30, complétant les prescriptions de l'article 11, reprend ses recommandations générales sur le délai à impartir à l'auteur. L'éditeur devra donner à celui-ci un délai convenable avec mise en demeure. A l'expiration de ce délai, l'éditeur peut résilier le contrat; le législateur lui dénie toutefois le droit de se faire remettre l'œuvre. Cela est un point intéressant.

En effet, la Bourse des libraires allemands avait fait un projet de règlement en vue de la loi actuelle, et dans un article 9, il était dit que l'éditeur avait le droit, à l'expiration du délai imparti, de faire continuer l'œuvre par un autre auteur, dont le nom serait mentionné sur le titre avec indication de l'endroit où commençait l'œuvre de ce dernier. C'était la violation la plus énorme et du droit moral et du principe que toute obligation de faire ne se résout qu'en dommages-intérêts. Le législateur allemand, avec raison, a repoussé cette exigence.

Il indique que l'auteur peut voir l'éditeur demander la résiliation sans impartir de délai, s'il déclare qu'il né pourra être prêt à temps, s'il refuse de produire l'œuvre, ou si *l'éditeur justifie d'un intérêt particulier à la résiliation.* Ce dernier paragraphe est suffisamment dur pour l'auteur. Il est vrai que le législateur allemand déclare que la résiliation n'est pas prononcée quand le retard de l'auteur ne cause à l'éditeur qu'un *dommage insignifiant.*

L'article 31 rend applicables les dispositions précédentes aux cas où l'œuvre n'a pas les qualités requises par le contrat; et en cas où ce défaut est imputable à l'auteur, l'éditeur a droit à des dommages-intérêts.

De son côté, l'auteur a droit à des dommages-intérêts (art. 32) si l'œuvre n'est pas reproduite ou répandue conformément au contrat.

Lorsque l'auteur est amené à renoncer à la publication de son œuvre ou à une nouvelle édition de l'œuvre, par des circonstances imprévues survenues depuis la conclusion du contrat, il peut résilier le contrat, s'il avertit l'éditeur avant que la reproduction ait commencé.

Il est tenu de rembourser à l'éditeur les frais par lui déjà avancés; et de lui payer des dommages-intérêts, s'il consent envers un autre éditeur à la reproduction de son œuvre avant le délai d'un an à compter de la résiliation, et ce à la condition qu'il n'ait pas offert la nouvelle reproduction à l'éditeur (art. 35).

L'article 38 dispose d'une façon générale que si la résiliation a lieu après la livraison totale ou partielle de l'œuvre, en vertu de la loi ou d'une clause du contrat, il peut, suivant les circonstances, arriver que le contrat subsiste pour partie.

S'il y a doute, il subsistera pour les parties de l'œuvre livrées, pour les éditions déjà parues, pour les volumes qui ne sont plus à la disposition de l'éditeur.

L'auteur a droit aux honoraires correspondant aux parties pour lesquelles le contrat est maintenu.

Le même système peut s'appliquer si le contrat est résilié pour d'autres causes.

L'article 17 contient également des dispositions sur la résiliation. L'éditeur autorisé à produire une nouvelle édition peut y renoncer. L'auteur lui impartit un délai, à l'expiration duquel le contrat est résilié.

Il n'y a pas lieu à fixation de délai si l'éditeur refuse de faire l'édition nouvelle.

Les dispositions des articles 11, 30, 31, 32, 38 et 17 semblent bien prouver que les dispositions du droit commun sur la résiliation des contrats s'appliquent au contrat d'édition; il eût suffi de mettre en relief cette disposition que contient l'article 30 : l'auteur ne peut jamais être exposé à voir son œuvre continuée par un autre; il doit seulement des dommages-intérêts s'il vient à manquer à une obligation de faire, celle de la remise de l'œuvre en temps utile ou convenu. D'autre part, il eût suffi d'autoriser les parties à résilier le contrat en cas de faillite de l'éditeur, et pour le cas où l'œuvre eût pu tomber sous le coup d'une loi répressive existante ou votée depuis le contrat.

Le reste des dispositions de la loi allemande, sur ce point, est assez arbitraire pour être discutable.

Perte de l'œuvre ou des volumes tirés. — Les articles 33 et 7 disposent en cas de perte de l'œuvre ou des volumes fabriqués. Si l'œuvre périt après la livraison par l'auteur, aux mains de l'éditeur, l'auteur a droit à ses honoraires néanmoins, et le contrat d'édition prend fin (art. 33).

Cependant, si l'auteur peut refaire à l'aide de travaux préparatoires ou

de documents une *œuvre identique* à celle détruite *dans ses parties essentielles et sans trop de peine*, il est tenu de le faire sur la demande de l'éditeur, moyennant une juste indemnité.

Si l'auteur veut offrir *une œuvre identique* à celle détruite, *gratuitement* et *dans un délai convenable*, l'éditeur est tenu de faire la reproduction.

Si l'éditeur avait reçu une mise en demeure de prendre livraison de l'œuvre, cette mise en demeure produit les effets de la livraison.

L'article 7 stipule que l'éditeur a droit de remplacer, après avoir avisé l'auteur, les exemplaires qu'il avait en magasin et qui viendraient à être détruits.

Décès ou empêchement de l'auteur. — En cas de mort de l'auteur (art. 34) avant que l'œuvre soit terminée, et si une partie de l'œuvre seulement a été livrée, l'éditeur peut déclarer qu'il continue le contrat d'édition pour la partie de l'œuvre déjà livrée. L'héritier de l'auteur peut provoquer la déclaration de l'éditeur en lui donnant un délai pour faire connaître sa réponse. Le silence de l'éditeur jusqu'à l'expiration du délai met fin au droit d'édition.

Si l'œuvre vient à ne pouvoir être achevée par suite de toute autre circonstance indépendante de la volonté de l'auteur, les stipulations de l'article 38 s'appliquent.

Des œuvres du domaine public. — Les articles 39 et 40 règlent les conditions des contrats d'édition consentis à l'occasion d'une œuvre sur laquelle il n'existe aucun droit d'auteur : telles seraient, pensons-nous, les œuvres du domaine public retrouvées par un chercheur, les mémoires publiés plus de 50 ans après la mort de l'auteur, les éditions revues des œuvres du domaine public. L'auteur ne peut être tenu de procurer *à l'éditeur le droit d'édition*.

Si l'œuvre a déjà été éditée ou publiée et que l'auteur le dissimule à l'éditeur, il y a lieu à application des règles de la garantie du vendeur.

L'auteur doit s'abstenir de reproduire ou répandre une telle œuvre pendant un délai qui s'étend jusqu'à six mois après la publication par l'éditeur.

L'éditeur (art. 40) peut reproduire à nouveau l'œuvre publiée avec ou sans modifications, à moins qu'il ne se soit engagé par le contrat à payer une redevance à l'auteur pour les éditions ultérieures.

Des journaux, revues, publications périodiques. — Les articles 41 à 46 inclusivement traitent des journaux, revues et publications périodiques. La loi leur est applicable (art. 41) sous réserve des stipulations spéciales des articles 42 à 46.

L'auteur est libre de disposer de son travail, sauf s'il apparaît que l'éditeur a acquis le droit exclusif de le reproduire et de le répandre.

Si l'éditeur a le droit exclusif de reproduire et répandre, l'auteur peut néanmoins reproduire son travail, en laissant écouler un an depuis la publication de l'éditeur; pour les journaux, il a le droit de reproduire aussitôt la publication.

L'éditeur peut tirer autant d'exemplaires qu'il veut pour les recueils. Il n'est pas soumis à l'obligation de soumettre l'épreuve à l'auteur : dérogation à l'article 20, § 2.

L'éditeur peut apporter les *modifications d'usage* au texte de l'auteur, si le recueil où paraît l'œuvre comporte un tel usage.

Si le travail n'est pas publié dans l'année où il a été livré, l'auteur peut résilier le contrat; il conserve son droit à la rétribution. Il n'a droit à des dommages-intérêts que si l'éditeur avait pris l'engagement de publier à une date déterminée (art. 45).

L'auteur n'a pas droit à des exemplaires gratuits lorsqu'il publie son œuvre dans un journal. L'éditeur n'est pas tenu de céder des exemplaires du journal au prix le plus réduit (art. 46).

Des œuvres collectives. — L'article 47 dispose en cas de collaboration à des œuvres collectives d'après un plan donné, pour des encyclopédies et pour les travaux auxiliaires ou complémentaires de l'œuvre d'autrui. Pour ces œuvres, s'il y a doute, le commettant n'est pas tenu de reproduire ni de répandre.

De l'éditeur et des tiers non auteurs. — Dans l'article 48, le législateur déclare que cette loi règle les rapports de l'éditeur et de ceux qui ont traité avec lui, encore qu'ils ne soient pas les auteurs de l'œuvre à publier.

De la cour compétente. — L'article 49 défère à la Cour suprême de l'Empire la connaissance des difficultés relatives à l'application de la présente loi.

Nous ferons observer que les difficultés que soulèvent les articles relatifs aux journaux et aux recueils périodiques sont nombreuses. On ne saurait y voir que des dispositions réglementant des usages locaux et les mettant en œuvre dans la loi. La question n'a pas été traitée dans les lois existantes d'une façon complète ni satisfaisante; il y a dans la loi allemande un essai intéressant. Il n'en saurait être de même du contrat d'édition en général, qui, se rattachant à un grand nombre de lois existantes, a été réglementé après l'expérience des autres pays.

Il y aurait un grand avantage à ce que la loi allemande, ainsi que celles des autres pays, serve de point de départ à un projet de loi en France. Le mouvement des idées, le commerce de la librairie ne pourraient que gagner à la détermination précise des rapports des auteurs et des éditeurs; la réglementation légale ne pourrait qu'aider à la cordialité des rapports des éditeurs et des auteurs.

www.ingramcontent.com/pod-product-compliance
Lightning Source LLC
LaVergne TN
LVHW011042050726
842519LV00004B/1483